¿Cómo crece

T0014325

¿CÓMO CRECEN LOS ÁRBOLES DE ARCE?

By Kathleen Connors
Traducido por Diana Osorio

Gareth Stevens
PUBLISHING

Please visit our website, www.garethstevens.com. For a free color catalog of all our high-quality books, call toll free 1-800-542-2595 or fax 1-877-542-2596.

Library of Congress Cataloging-in-Publication Data
Names: Connors, Kathleen, author.
Title: ¿Cómo crecen los árboles de arce? / Kathleen Connors.
Description: New York : Gareth Stevens Publishing, [2022] | Series: ¿Cómo
    Crece? | Includes index.
Identifiers: LCCN 2020011758 | ISBN 9781538268155 (library binding) | ISBN
    9781538268131 (paperback) | ISBN 9781538268148 (6 Pack) | ISBN 9781538268162
    (ebook)
Subjects: LCSH: Maple–Juvenile literature. | Maple–Life cycles–Juvenile
    literature.
Classification: LCC SD397.M3 C66 2022 | DDC 664/.132–dc23
LC record available at https://lccn.loc.gov/2020011758

First Edition

Published in 2022 by
Gareth Stevens Publishing
111 East 14th Street, Suite 349
New York, NY 10003

Translator: Diana Osorio
Editor, Spanish: Rossana Zúñiga
Editor: Kristen Nelson
Designer: Katelyn E. Reynolds

Photo credits: Cover, p. 1 Matheisl/The Image Bank / Getty Images Plus; pp. 5, 7 Apostrophe Productions/ The Image Bank / Getty Images Plus; pp. 9, 24 (seeds) John Warden/ The Image Bank / Getty Images Plus; p. 11 Kurt Mobus/Getty Images; pp. 13, 24 (seedling) Kerrick/ iStock / Getty Images Plus; pp. 15, 24 (trunk) emer1940/ iStock / Getty Images Plus; p. 17 Anna_Pakutina/ iStock / Getty Images Plus; p. 19 Mark Turner/ Photolibrary / Getty Images Plus; p. 21 Studio Light and Shade/ iStock / Getty Images Plus; p. 23 buzzanimation/ iStock / Getty Images Plus.

Printed in the United States of America

Some of the images in this book illustrate individuals who are models. The depictions do not imply actual situations or events.

CPSIA compliance information: Batch #CSGS22: For further information contact Gareth Stevens, New York, New York at 1-800-542-2595.

Find us on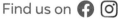

Contenido

¡Los árboles de arce son bellos! ¿Cómo crecen?

5

Pueden crecer en muchos lugares. Pueden ser lugares cálidos o fríos.

Vienen de semillas.
Las semillas tienen
pequeñas alas.

Las semillas crecen en la tierra.
Necesitan agua y sol.

11

Las raíces y hojas comienzan a crecer. Estas son plántulas.

13

Un tallo crece.
Es leñoso.
¡Este es el tronco!

De allí crecen ramas y hojas.

Las hojas pueden ser verdes o rojas. Cambian de color en el otoño.

El árbol de arce
produce savia.
La savia es pegajosa.

Los árboles de arce azucareros producen savia dulce.
¡Se puede volver en caramelos!

23

Palabras que debes aprender

plántula

semillas

tronco

Índice